Maria Strauss

Die Hoffnung
träumt sich in den Tag

Gedichte

Impressum:

© 2018 Maria Strauss,

Verlag: tredition GmbH, Hamburg

Titelbild: Ausschnitt aus „Im Brüchigen Hoffnung"

© Maria Strauss

www.mariastrauss.at

ISBN Taschenbuch 978-3-7469-0925-7

ISBN Hardcover   978-3-7469-0926-4

ISBN e-Book   978-3-7469-0927-1

Gewidmet
allen Freundinnen und Freunden,
die mich zu diesem Buch ermutigten

BUNT GELAUNT

BUNT GELAUNT

Auf dem Regenbogen

bunt gelaunt

tanzen Regentropfen

glitzern Sonnenstrahlen

bauten miteinander

was zu sehen

farbenprächtig

leicht und luftig

zaubern Staunen

in Gesichter

wollen inspirieren

Gegensätze zu vereinen

bunt gelaunt

HOFFNUNG

Die Hoffnung
träumt sich in den Tag
bedrängt mit Widerständigkeit
die dunklen Mächte
und sprengt mit Kraft
das scheinbar dicke Eis
der Hoffnungslosigkeit

BUNT UND RUND

Bunt
die runde Welt.
Rund
die bunte Welt.
Kunterbunt
die ganze Welt.

LEBENSBAUSTEINE

Viele Bausteine
am Weg deines Lebens.
Du nimmst den einen
und lässt den and'ren.
Du baust
dein Lebensmosaik
als Unikat.

KAIROS

Eine alte Weisheit erzählt:

Wenn die Zeit reif ist,

fügt sich ineinander,

was zueinander gehört.

Es braucht Geduld des Herzens,

Stille im Innersten,

die Aufmerksamkeit wahrzunehmen,

wenn Kairos geschieht.

WIRST DU...?

Wünsche und Sehnsüchte
kommen manchmal
im Leben
wie unerwartete Vögel
aus einer anderen Welt.

Sie umkreisen dich.
Sie umschwirren dich.
Sie verlocken dich.
Sie breiten ihre Schwingen aus.
Sie bringen Unruhe über dich.

Wirst du...?
oder wirst du nicht...?

KINDHEITSTRAUM

Urplötzlich
aus heiterem Himmel
blitzte ein alter Kindheitstraum auf.

Er durchfuhr mich,
verbrannte mich fast -
bis ich erwachte
und ihm folgte.

Wie traumhaft belebend
wirkt er sich aus.

MÄRCHENWEISHEIT

Wenn im Aschenputtel
die Königin
hervortritt,
so passt der Schuh
für den echten Weg.

ABGELIEBT

Im Schaufenster eines Antiquariats
blicken mich eindringlich
zwei Augen eines Teddybären an.
Sein Fell fast glatt,
kein weicher Plüsch zum Streicheln mehr,
kein Aussehen mehr, das reizt.
Und dennoch reizt er mich
mit seinem Schild vor ihm:
ABGELIEBT.

Wer ihn wohl so geliebt hat?

WIE DAS LEBEN SO SPIELT

Wie das Leben so spielt,

hört man oft.

Wie spielt es denn?

Spielt es mit mir?

Was wird mir zugespielt?

Wer spielt denn mit?

Wie wird gespielt?

Was wird erspielt

und was bespielt

und was verspielt?

Wie das Leben so spielt,

hört man oft.

WELCH EIN GLÜCK

Sc**heiter**n
schmeckt uns meistens nicht.

Heiter
ist in dieses Wort geschlüpft.

Scheiternd
finden wir vielleicht dort hin,
wo wir sonst nicht hin gekommen wären.

Erheiternd
sagen wir erstaunt nach Jahren:
Welch ein Glück!

EIN VERSUCH

Falls Kunst
sich buchstabieren lässt,
so lautet mein Versuch:

K wie kreativ
U wie unbestechlich
N wie not-wendig
S wie seismografisch
T wie transzendent.

GEWOBEN

GEWOBEN

Das Leben
hat mich reich gemacht -
zu Vieles an Geschenktem,
um es aufzuzählen.
Es wob
mit bunter Farbenpracht
die Vielfalt
tausendfacher Formen und Gestalten
zu einem Wiesenblumenteppich
farbenfroh der Sonne zugewandt.

Es nahm
die Kräfte aus der Erde
und auch die Kämpfe aus dem Schattenreich,
es rang mit Ungemach und Schrecken,
wob manche dunkle Fäden ein.
Es ließ sich nicht nur
planen, machen, konzipieren.
Es lockt und wirbt auf seine Weise.
Es lädt mich ein,
mich mitgestaltend ihm zu überlassen.

GEWÖHNLICH EINZIGARTIG

Mitten in der Welt

gewöhnlichen Alltag leben,

durchschnittlich wie Viele,

nicht herausragend glänzend,

nicht auserwählt zu großen Taten,

nicht mit Besonderem versehen,

nicht als hervorragend gewürdigt,

einfach normal und unscheinbar.

Darin Einzigartigkeit entfalten

ist mehr als gewöhnlich,

ist wie das eine Bild unter tausend Bildern,

an dem dein Auge hängt,

ist wie das eine Lied unter tausend Liedern,

das dein Herz ergreift.

UREIGENSTES

Wie kostbar
die eigenen Töne zu finden
im Leben
die ureigensten
um die innewohnenden Melodien
zum Klingen zu bringen.

Wie mutig
die eigenen Farben zu zeigen
im Leben
die ureigensten
um die innewohnenden Bilder
zum Leuchten zu bringen.

Wie wichtig
die eigenen Worte zu formen
im Leben
die ureigensten
um die innewohnenden Gedanken
zum Ausdruck zu bringen.

ZWEIFEL

Ich kenne dich Zweifel,
kenne dich gut!
Der du wie ein Vogel
auf meiner Schulter sitzt
und mir ins Ohr zwitscherst.

Soll ich dich verscheuchen?
Soll ich auf dich hören?

Willst mich irritieren?
Willst mich flüsternd lenken?

Kann ich dir vertrauen?
Kann ich mit dir leben?

Sprich doch klar zu mir -
Vogel auf meiner Schulter -
und dann flieg fort!

Und komm erst wieder,
wenn ich dich wirklich brauche.

ERMUTIGUNG

Nach Jahren
des Horchens
im Außen,
des Hörens
auf andere,
des Gehorchens
aus Angst
empfing ich Mut,
in mich zu horchen -
so lernte ich lesen
in mir selbst.

ERINNERN

Erinnern
heißt das Zauberwort,
das Vieles wandeln könnte.
Was wohnt dir inne,
das dich prägt und treibt?
Was wohnt in dir,
das du vergessen möchtest?

Erinnern
ist vielleicht auch Schmerzenswort.
Was ließ dich leiden,
trauern, weinen?
Was ließ dich fremd
und wund zurück?

Erinnern
wird zum Friedenswort.
Es kann Vergang'nes
in ganz neue Farben tauchen.
Es kann dich führen
zu manch and'rer Sicht.

Erinnern

ist das Zauberwort,

das Wachheit schenkt.

ZWISCHEN DEN ZEITEN

Zwischen den Zeiten
geistert die Angst
rumort die Unsicherheit
verstört dich Fremdheit

Zwischen den Zeiten
vernimmst du Klage
klingt der Vorwurf
überschwemmt dich Traurigkeit

Zwischen den Zeiten
wütet der Schmerz
tobt die Wut
schreit die Sehnsucht

DOCH

zwischen den Zeiten
kommt auch der Mut
entwickelt sich Kraft in dir
öffnen sich Augen fürs Du

Zwischen den Zeiten

tanzt die Heiterkeit

bricht Freude auf

entfaltet sich Schönheit für dich

Zwischen den Zeiten

erblüht die Hoffnung

erwächst dir Vertrauen

reift die Liebe

TROTZDEM

Gestern -

inmitten von vertrauten Menschen

aus meiner Jugendzeit

spürte ich,

was es heißt,

Wurzeln zu haben.

Erinnerungen

malten Räume der Geborgenheit

von Wachsen und Entfalten.

Erinnerungen ließen Emotionen tanzen

aus einst vergang'ner Zeit.

Doch

brach ich diese Räume auf

und wagte

daraus auszubrechen.

Es lockten and're Welten

mit leuchtenden Verheißungen.

In Rot und Blau und Gelb gekleidet

blühte so Vieles auf,

ließ Grünes sprießen,

entstanden Landschaftsbilder
mit der Vielfalt bunten Seins.

Und doch -
nicht nur!
Bisweilen schob das Braun der Wüste
sich in den Vordergrund.
Es zeichnete Konturen
mit seinen tausendfachen Schattenspielen,
mit Murr-geschichten
und den Zweifelsstunden.
Es glitt bisweilen ab
ins Schwarz der Nacht.

Doch siehe da -
auf wunderbare Weise
erstrahlte dann
das Gelb des TROTZDEM
mit seiner ganzen Kraft,
die stets ermutigte fürs Weiter.
Das Blau der Dankbarkeit
ließ Bäume wachsen.

ZULASSEN

Der Atem stockt
und stolpert
über Unwegsames.
Er kämpft mit engem Raum,
zwängt sich hindurch.
Zu kurz,
zu schnell,
zu hektisch
sein Versuch zu strömen.
Zu ängstlich
das Bemühen,
ihn zu leiten.
Kein freier Ton.
Kein Klang, der schwingt.
Kein Lied, das klingt
und deine Seele rührt.
Er braucht nur weiten Raum,
ein Sich-Bereiten,
ihn zu lassen.
Er findet seinen Weg
und haucht dir Leben ein.

VERWUNDETES SEIN

Wie in einer Muschelschale.

Verborgen,

verschlossen,

doch geschützt

und beschützt,

bereit,

sich zu wandeln.

Langsam nur

reift die Perle.

Lind nur

schillert ihr Glanz.

Leise nur

zarte Farben ringsum.

Leicht nur

scheinbar ihr Werden.

IST ES SO?

Im Schattenreich
zuhause sein
kann nur
wer viel Licht
in sich trägt

OFT IST ES SO

Oft ist es so:
Von alten Freunden
wissen wir nichts mehr.
Wie sieht ihr Leben heute aus?

Die Freunde waren da.
Doch nicht mehr jetzt.
Und dennoch bleiben sie.
Sie sind in unserm Leben
wie wir in ihrem.

Unwichtig
ob wir heute ihre Gegenwart
noch fühlen,
ihre Worte hören,
ihre Nähe spüren.

Das Wesentliche der Begegnung
lebt in uns
und niemand
kann uns dies entreißen.

GEWORDEN-SEIN

Du nimmst zu an Alter
und es zeigen sich
immer deutlicher
strahlend leuchtend
deine herbstbunten Farben
im Reichtum
des Geworden-Seins.
Du freust dich an ihnen
und teilst sie
verschwenderisch
und freien Herzens.
Wie ermutigend
sich an ihnen zu sättigen
und Vertrauen zu schöpfen
in die Farbenpracht
des eigenen Geworden-Seins.

Für St.

ERNTEDANK

Welch großer Reichtum
im Älterwerden -
Ernte durchlebter Erfahrungen.

Welch neue Freiheit
im Älterwerden -
Ernte oft steiler Wege.

Welch andre Möglichkeiten
im Älterwerden -
Ernte innerer Quellen.

GEWIDMET MARCEL PRAWY

Am neunzigsten Geburtstag von Marcel Prawy
begeisterte mich dieser Satz von ihm:
„Aus mir konnte
kein Opernstar werden,
kein Dirigent,
kein Komponist -
aus mir konnte
nur der Prawy werden".
Dies sagte er strahlend
unverwechselbar seiner selbst
aus ganzer Überzeugung.

Wenn mein Leben
sich dem Lebensabend neigt,
wünsche ich mir
sagen zu können:
Aus mir konnte
nur die Maria werden.
In diesem Nur
steckt Alles.

SICH HINAUS WAGEN

SICH HINAUS WAGEN

Sich hinaus wagen.
Unbekannte Wege beschreiten.
Verwegene Schritte setzen.
Bis an Grenzen gehen.

Im Schatten ausruhen,
wenn die Sonne brennt.
Ruhe atmen,
Stille lauschen.

Seltene Blumen finden,
nicht gekannte Früchte schmecken.
In fremde Welten eintauchen,
von unerwarteten Begegnungen
beschenkt sein.

Heimkehrend entdeckst du
die vertraute und doch fern geword'ne Welt.
Doch in dir blüht
deine neue reich geword'ne Welt.

WOHIN

Verschlungenen Wegen trauen,

Schritt um Schritt weiter gehen.

Vertrauen entwickeln,

dass alles im Leben

Sinn gewinnen kann,

dass Umwege notwendig,

oft not-wendend,

bis sich klärt

wohin.

STAUNENDE FRAGE

Wie ein Balanceakt

am Seil

ohne Netz

wagst du dich

Schritt um Schritt.

Was hält dich

so sicher im Gleichgewicht?

ZUM LICHT

Leid macht oft stumm.

Wie wäre es,

wenn Leid hinaus geschrien,

wenn Not geteilt,

wenn Schmerz gefühlt

von mir zu dir

von dir zu mir?

Wenn Leid ins Leben bricht,

hilft nur das Wie,

damit der Weg gelingt

zum Licht.

UMARMUNG

Oft
warst du verzweifelt.
Lange
suchtest du nach Sinn.

Doch eines Morgens
erwacht in dir Erlösendes.
Doch eines Morgens
erfährst du
eine ungewohnte Macht der Freiheit.
Doch eines Morgens
findest du die Kraft,
dein Schicksal zu umarmen.

Daraus
erwuchs dir Sinn.

ES LOHNT SICH

Es lohnt sich
zurückzuschauen,
um Vergangenes zu verstehen,
weil dieser Blick
Zukunft verändern
und befreien kann.

WEGWEISUNG

Es gibt
die Stunde
da der Stern aufleuchtet
und die Nachtschwärze
der Orientierungslosigkeit
durchbricht.
Du wirst dich
seinem Funkeln
nicht entziehen
wie einst
die Sterndeuter
auf ihrem Weg.

TRÄUME

Träume kommen des Nachts
mit ihren Bildern und Geschichten,
mit ihren Farben und Landschaften.

Sie zeigen uns Wege
und finden Auswege aus Ängsten.
Sie ermutigen Vertrauen
und lenken uns aufs Wandelbare.

SEHNSÜCHTE

Dein Traum
legt sich
in die Mondwiege
und schaukelt dich
in deine tiefsten Sehnsüchte hinein.

Wenn du erwachst,
will er dich auf deine Füße stellen
und locken
auszuschreiten.

GEDANKEN

Gedanken sind so flüchtig

wandern dahin

wandern dorthin

wenden sich unvermittelt

lassen sich schwer im Zaum halten

springen

hüpfen

drehen sich im Kreis

ordnen sich mit einem Mal

und sind frei

NOCH EIN LIED?

Der Zaunkönig
singt fröhlich sein Lied
sitzend am Zaun.

Singen
flüchtende Menschen
gestrandet vorm Zaun
noch ein Lied?

FLUCHT

Nachts
sich dem Schlaf überlassen
in der Furche Hoffnung.

Morgens
sich dem Weg anvertrauen
in der Landschaft Hoffnung.

Abends
sich der Müdigkeit hingeben
in der Schutzburg Hoffnung.

Nachts
sich den Zweifeln stellen
in dem Traumland Hoffnung.

HOFFNUNGSAUGEN

Vertrieben
aus dem Kinderspiel

Getrieben
in welch flüchtiges Land

Fußmärsche
im Sekundentakt

Wund
die Füße und Seelen

Hoffnungsaugen
treiben voran

HERAUSFORDERUNG

Wir werden uns täuschen.
Menschen, die keine Chance
zum Überleben sehen,
werden kommen.

Wir werden uns täuschen.
Menschen, die gezwungen sind,
ihre Heimat zu verlassen,
werden kommen.

Wir werden uns täuschen.
Menschen, die kein Stück Brot
für ihre Kinder haben,
werden kommen.

Wir werden uns täuschen.
Menschen, die den Gefahren trotzen,
werden kommen.

Wir werden uns täuschen,
dass mit Mauern und Zäunen

das Zusammenwachsen
weltweit aufzuhalten ist.

Wir werden lernen müssen
zu teilen,
uns zu öffnen,
uns fremde Menschen vertraut zu machen.

NICHT GANZ VERLOREN

Wo ist
dein Name geblieben

Im Irgendwo
vergessen

Wo ist
dein Zuhause geblieben

Im Irgendwann
vernichtet

Wo ist
dein Hoffnungstraum geblieben

Im Irgendwie
nicht ganz verloren

WIE WÄR'S

Mauern-Bauer
überall unterwegs
weltweit

Wie wär's
mit Brücken-Bauern
überall unterwegs
weltweit

AUFFORDERUNG

Wenn sich Fenster öffnen,
so warte nicht
auf offene Tore.

Steig ein!
Schlüpf' hinein
und erobere dir
neue unbekannte Räume.

Von innen dann
wirst du Tore öffnen
und andere
willkommen heißen.

ZWISCHEN
HIMMEL UND ERDE

ZWISCHEN HIMMEL UND ERDE

Flieg, Drache, flieg!
Lass dich treiben vom Wind
Steige mit ihm in die Höhe
Lache den Wolken zu
Singe mit knisternder Stimme
das Lied der Freiheit
Beglücke die Kinder -
die Kleinen und die Großen -
mit deinem Flug
und zeige ihnen
den schwebenden Tanz
zwischen Himmel und Erde

BAUMKRAFT

Baumkraft
sprengt Felsgestein.
Mit Wurzelkrallen
sucht sie Halt am Fels.
Sie durchbricht
Felsenmacht.
Sie erweckt
Wachstumskraft.
Sie streckt sich entschieden aus -
der Freiheit entgegen.
Gehalten im Urgrund des Seins.

VERWANDLUNG

Treibholz am Ufer
du sammelst es

deine Augen erblicken
darin Gestalten

deine Hände formen
daraus neue Wesen

Verwandlung pur

Für M.R.

ALARM

Die Sonne
brennt Narben
in den Sommertag.

Sie ringt uns
Taten ab,
um weltweit
nicht zu verbrennen.

LICHTBLICK

Was auch auf Erden geschieht,
was auch von Dunklem bedrängt,
was auch das Leben bedroht -
die Nacht bleibt voller Sterne.

ZWEISAMKEIT

Jeden Morgen

zur gleichen Zeit

kommt das Amselmännchen,

setzt sich auf's Balkongeländer,

singt sein Lied,

lauscht auf Antwort,

singt erneut,

lauscht und horcht,

zwitschert weiter,

bleibt abwartend still,

singt nochmal

und fliegt fort.

Jeden Abend

kommt es wieder,

spielt das gleiche Spiel

mit seinem gelben Schnabel,

seinem schwarzen Kleid.

Hoch in den Wipfeln

sitzt die Angesprochene,

lauschend,

singend,

antwortend wie Echoklang.

Du wirst ganz still

und rührst dich nicht,

um nicht zu stören.

Du fängst nun selbst zu lauschen an

und wirst hineingezogen

in eine Zweisamkeit,

die dir nicht zugedacht,

die dennoch dich beglückt.

FRÜHLINGSGESANG

Wolkentöne
am Himmel
mit Regenbogenklang
öffnen
das Tor
zu Frühlingsgesang.

MORGENGRUSS

Wolken

tanzen

vor meinem Fenster

ich sehe

Figuren

sich stets

verändernd

im

raschen

Hin und Her

auf

leuchtendem Rot -

Wolken-Sonnen-Tango

als Morgengruß

für's Heute

SCHWEBEND

Manchmal
werde ich fortgetragen
von Klängen und Tönen,
von Rhythmen und Pausen,
von Musik,
die schwebend
ihr letztes Geheimnis
für sich behält.

VOLLENDET

Vollendet
und
flüchtig zugleich
ist Musik,
die mich bewegt
und
zu Tränen rührt.

NICHT ZU GREIFEN

„Ich fühle,
was mit Worten
nicht zu greifen ist.
Beethoven ist in einer anderen Sphäre
wie der Gipfel des Mont Blanc"
sagte einst Arturo Toscanini.

Ich fühle
wie diese Worte
nach mir greifen
beim Hören,
Lauschen,
Atmen
von Beethovens Musik.

Ich möchte mich
von ihren Sphärenklängen
ziehen lassen
zum Gipfel des Mont Blanc.

OHNE WORTE

Ohne Worte
spricht Musik

spricht in Klängen
spricht in Rhythmen
spricht in Bildern
spricht in Farben

lässt den Geist der Komposition erblühen
lässt die Kraft der Suggestion erstrahlen
lässt mich nicht unberührt zurück

ohne Worte
spricht Musik

ICH ERINNERE NOCH

Ich erinnere noch
den Zauber des Anfangs
vor vierundvierzig Jahren.

Ich fühle noch
die Neugier zu entdecken,
was dich ausmacht als Mensch.

Ich spüre noch
das Beflügelnde
im Entstehen zarter Nähe.

Ich erlebe noch
die Begeisterung
bei unserem Engagement für andere.

Ich empfinde noch
die Tiefe
einfühlsamer Begegnungen.

Ich schätze noch

die Selbstverständlichkeit
im Dasein füreinander.

Ich denke aber auch
an Berg und Tal,
an Freud und Schmerz.

Ich staune
über uns'ren langen reichen Weg,
der uns geschenkt.

Ich halte mir
den Zauber uns'rer Freundschaft
wach und offen.

Für S.

LIEBE

Raum geben
dir und mir.

So kannst du sein,
wer du bist.

So kann ich sein,
wer ich bin.

Raum geben,
Freiheit gewähren.

Ist dies nicht Liebe?

MIT DIR

Mit dir

ein Abenteuer des Lebens

ein Spazierengehen auf Frühlingswiesen

ein Durchwandern von Schattenschluchten

ein Schaukeln auf Wellen

ein Tanz über Unwegsames

ein Wagnis der Gipfelstürme

ein Gesang der zarten Töne

Mit dir

ein Reifen und Wachsen

ein Früchte-Ernten

und Verschenken

EIN BRIEF

Oft schon

habe ich dir

einen Brief geschrieben

in Gedanken

altmodisch mit Tinte auf Papier

tausendmal umformuliert

nicht abgeschickt.

Er füllt

die Schachtel

ungeschriebener Briefe -

sie erzählen

von dir und mir.

OFFENE FRAGE

Dein Schweigen
klingt hell und dunkel zugleich.

Es trifft mein Ohr
mit vibrierender Schwingung.

Auch meine Lippen
verschweigen sich.

Gibt es noch eine Sprache für uns?

WIE WIRD ES SEIN

Wie wird es sein,

wenn du gegangen bist?

Wie werde ich sein ohne dich?

Wird es nochmals Frühling geben

mit dem Zauber weißer Blüten?

Wird der Sommer

mit den reifen Früchten schmecken?

Wird die Buntheit welken Laubs

meine Augen trösten -

mir den Blick frei geben

auf das bunt Gewesene

von dir und mir?

ABSCHIED

Ich vergesse nicht
die vielen Rosen
ich vergesse nicht
die Blütenstunden
die Sonnentage
die Sternennächte.

Nun aber greift
rosenwelker Abschied
nach mir.

HERBSTSCHAUSPIEL

Der Wind

spielt stürmisch sich im Weidenbaum.

Kein Widerstand in deinen Zweigen.

Ihr tanzt geschmeidig mit.

Biegsam lasst ihr euch treiben.

Mit grün und gelb schillerndem Laub.

Ein Wellenspiel im Blättermeer.

Sowie ein Rauschen und ein Raunen,

dass bald der Blättertanz beginnt.

Er lässt dich nackt und kahl zurück.

Du willigst ein.

Du weißt um die Vergänglichkeit.

Du kennst das „Stirb und Werde".

HERBST

Blätter

zeigen ihre bunte Pracht

im Sterben

der Herbstwind

lässt sie tanzen

am Boden

ein raschelnder Teppich

NOVEMBERSONNE

Nebelschleier
über dem Land

trüb die Tage

Novembersonne
brich dir Bahn

verzaub're
trübe Tage

WINTERNEBEL

Es ist
als ob die Welt versinke
im Winternebel weiß und grau
als ob die kalten Nebelschwaden
die Welt verhüllen wie sie ist.

Mir ist
als wär' verschwunden
was einmal leuchtend klar erschien
als wär' der Traum entschwunden,
der mich gelockt, der mich gewann.

Doch ist's
nicht wie ein Wunder
wenn Licht den Nebel lichtet – bricht – zerreißt,
sodass die Sicht auf eine Welt mich überrascht
in die zu schreiten neue Träume weckt.

WUNSCH-TRAUM

Weit-Blicke
nötiger denn je!

Auf der obersten Stufe des Turms
übers Land schauen
die Gedanken weiten
das Herz öffnen
den alten Wunsch-Traum
von Freiheit und Gerechtigkeit
übers Land schicken.

Und Schritte setzen
um ihm die Chance zu geben.

BIS
ZUM TIEFSTEN GRUND

BIS ZUM TIEFSTEN GRUND

Die Leute sagen:
verkriech' dich nicht
geh' auf Reisen
lenk' dich ab
wein' nicht so viel.

Ich aber sage:
sieh' dem Verlust ins Auge
lass den Tränenstrom zu
geh' durch die Trauer hindurch
fühle den Schmerz
bis zum tiefsten Grund
und gib dir Zeit.

Dann wird sich eines Tages
dein Herz wieder öffnen
für Verlockendes der Natur
für helles Kinderlachen
für zärtliches Neuwerden
für dein Frühlingsland Leben.

TRAUERN

Ersteige du mit mir die Trauerberge,
durchwate mit mir Tränenfluten,
riskiere mit mir abgrundtiefe Schluchten
in meiner Trauerwüste.
Nichts anderes
als sei mit mir.

Ich brauche,
dass du meine Tränen siehst
und meine Wut dein Ohr erreicht.
Ich brauche,
dass du meine Angst berührst
und meine Schuldgefühle zu verstehen suchst.
Nichts anderes
als sei mit mir.

Und gib mir Zeit,
solang die off'ne Wunde des Verlusts
sie braucht,
um sich zu schließen
und zu heilen.

ABSCHIEDE

Abschiede
nehmen zu
je länger du unterwegs bist

Abschiede
tun weh
je inniger du verbunden bist

Abschiede
bringen Wendezeiten
je offener du sie zulässt

DENNOCH

Zerbrochen

die Hoffnung.

Zerschlagen

der Traum.

Zertreten

die Illusion.

Zerschnitten

das Band.

Zurückgeworfen

auf mich selbst.

Zurückversetzt

in Kindheitstage.

Verwickelt

in Beziehungsdramen.

Verstört

im eigenen Haus.

Verloren

unbeschwertes Sein.

Wie sieht mein DENNOCH aus?

FREI

Ein Trauertraum
kam zu mir
heute Nacht.
Er verschleierte
meine Augen
mit Tränen.
Er schaukelte
behutsam
auf der Mondsichel.
Er gab mich frei.

ZU SPÄT

So Vieles
was ich dir noch sagen wollte

So Wertvolles
das ich von dir geschenkt bekam

So Anregendes
das mich auf neue Spuren trug

So Herausforderndes
das mir Ungewohntes zumutete

So Einfühlsames
das mein Wesen erkannte

So Hilfreiches
das mich stärkte

So Liebevolles
das an mich glaubte

So Vieles

für das ich dir noch danken wollte

im Gegenüber

in einem längst fälligen Wiedersehen

in erträumter Begegnung als Abschied

Doch nun

bist du gegangen -

zu früh für mich

Ob meine Seele

dennoch dich erreicht?

Für E.

WESENTLICH LEBEN

Zunehmend
schleichen sich Abschiede
in dein Leben.

Langjährige Freunde
begeben sich vor dir
auf ihre Reise -
wohin auch immer -
und lassen dich zurück -
mit all den Erinnerungen
mit all dem Nicht-Gesagten
mit all der Trauer.

Du bist angekommen
in einer Lebensphase,
die deutlicher Begrenztheit zeigt
und dich herausfordert,
noch wesentlicher zu leben.

ZULETZT

Eine blühende Rose
warf ich dir ins offene Grab.
Letztes Zeichen
stillen Abschieds.
Hoffnungsschimmer
auf neu erblühtes Leben.
Geste voll Vertrauen
auf gewandeltes Sein.
Erinnern mit Dank
an Rosenblütenstunden.

Für T.

FÜR MEINE MUTTER

Wie lange noch
fragst du dich jeden Tag.

Das Leben ist mühsam geworden
mit achtundneunzig Jahren -
und dennoch meisterst du es
Tag für Tag bewundernswert.

Zum Glück mischt der Humor
sich immer wieder ein
und lacht und schmunzelt
Missgeschicke weg.

Die Neugier
am Gescheh'n der Welt
hält deinen Geist
erstaunlich wach und offen.

Fast ein Jahrhundert voll Erlebtem.
Mehr als ein überquellender Korb an Früchten
die Erinnerungen.

Was bleibt und was vergeht
im Rad der Zeit?

Die Dankbarkeit dreht viele Runden.

Wie wird es sein in einer and'ren Welt?

DANK

Ich danke herzlich meiner Freundin
Gabriele Stahnke, die mich beim Entstehen
dieses Buches einfühlsam und kritisch
begleitet hat und mir als Lektorin hilfreich
zur Seite stand.

Für weitere INFORMATIONEN und
Impressionen aus der Welt meiner Malerei
lade ich alle Leserinnen und Leser
herzlich ein, meine Webseite zu besuchen:
www.mariastrauss.at

FSC
www.fsc.org
MIX
Papier | Fördert
gute Waldnutzung
FSC® C083411

Zeitfracht Medien GmbH
Ferdinand-Jühlke-Straße 7
99095 Erfurt, Deutschland
produktsicherheit@kolibri360.de